© V

LETTRES

D'UN VOYAGEUR,

A PARIS,

A SON AMI.

SIR CHARLES LOVERS,

DEMEURANT A LONDRES.

LETTRES

D'UN VOYAGEUR,

A PARIS,

A SON AMI

SIR CHARLES LOVERS,

DEMEURANT A LONDRES.

Sur les nouvelles Eſtampes de M. Greuʒe, intitulées : La Dame bienfaiſante, la Malédiction paternelle, & ſur quelques autres Eſtampes, gravées d'après le même Artiſte.

PUBLIÉES PAR M. N***.

A LONDRES,

Et ſe trouve à PARIS,

Chez HARDOUIN, Libraire, rue des Prêtres S. Germain-l'Auxerrois, vis-à-vis l'Egliſe.

M. DCC. LXXIX.

AVERTISSEMENT DE L'ÉDITEUR.

CES Lettres fur les nouvelles Eftampes de M. Greuze, intitulées : *La Dame bienfaifante*, *la Malédiction paternelle*, & fur quelques autres Eftampes gravées d'après le même Artifte, nous étant tombéesentre les mains, nous avons cru faire plaifir aux Amateurs de les publier. Nous y avons joint d'autres Écrits relatifs, qui nous ont été demandés : le premier, eft une Lettre fur l'Eftampe du *Gâteau des Rois*, inférée dans le *Mercure de France*, du mois de Décembre 1777 ; le fecond, eft la Lettre d'un Maître d'Ecole, à un Amateur d'Eftampes, publiée féparément ; le troifieme, une Lettre *Extraite des Affiches de Province*,

du 4 Mars 1778, en réponse à la Lettre du
Maître d'Ecole. Les Notes ajoutées aux
Lettres adressées à un Amateur, demeurant
à Londres, font de l'Editeur de ces Lettres.

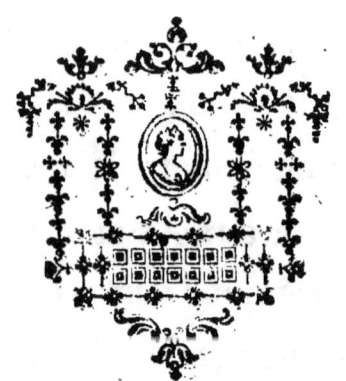

LETTRES
D'UN VOYAGEUR;
A PARIS,
A SON AMI,
SIR CHARLES LOVERS,
DEMEURANT A LONDRES.

LETTRE PREMIERE.

JE suis flatté, Charles, du soin dont tu m'as chargé de t'envoyer ce qui peut satisfaire ton goût pour les Arts : mais tu me mandes, que parmi les Estampes modernes ; tu desires sur-tout celles qui peuvent t'offrir, comme celles d'Hogarth, une Histoire ou une fiction suivie. Apprends, Charles, que notre Hogarth est encore le seul parmi les Artistes qui ait composé de ces suites d'Estampes, dont le but

eft moral, & qu'un homme d'efprit a appellé des
Romans, parce qu'en effet il s'y trouve une ex-
pofition, une intrigue, un dénouement. L'Artifte
françois, M. Greuze, de qui on pouvoit attendre
de ces fortes de Romans muets, ne s'eft borné jufqu'à ce jour, qu'à nous préfenter quelques fcènes
de mœurs, prifes du milieu de la Société, fans trop
s'affujettir n'éanmoins à l'exactitude du Coftume.
Celle qu'il vient de publier, nous fait voir une Dame,
amie des infortunés, & qui, introduite par une
fœur de la Charité, vifite un pauvre Vieillard, que
des infirmités retiennent dans le lit. Cette dame
eft avec fa fille, encore très-jeune; elle lui fait
préfenter au Vieillard une bourfe pleine d'argent.
La plus fage éducation, fans doute, que l'on puiffe
donner à la jeuneffe, & le moyen le plus fûr de
garantir les meilleurs cœurs de la contagion des
vices, eft de leur infpirer de bonne heure un tendre
intérêt pour les infortunés.

Ces fortes de fujets moraux font-ils plus capables de nous intéreffer lorfqu'ils font mis en fcène
par le Peintre ou le Sculpteur, que lorfqu'ils font
traités par le Poëte ou l'Orateur? C'eft une quef-
tion, Charles, que je t'ai quelquefois entendu
faire; mais que décidera bientôt celui qui a éprouvé
les émotions vives & délicieufes de l'art oratoire, ou
de la poéfie. Je te l'avouerai ici, je trouve affez

froides toutes ces fcènes prétendues pathétiques ; que la Peinture même, qui a plus de moyens que la Gravure, nous offre quelquefois. Ces Prédicateurs muets, comme tu as la bonté de les appeller, ne peuvent parler qu'aux yeux, dont le pouvoir immédiat eft toûjours borné; mais l'éloquence & la poéfie agiffent fur l'imagination, fur cette faculté reproductive de l'ame, qui acheve, aggrandit, perfectionne les objets qu'on lui préfente, & leur prête toujours plus d'attraits que l'Artifte ou le Poëte ne peut leur en donner. Un trait fublime d'un Orateur ou d'un Poëte fait battre le cœur; il nous fait friffonner; il excite nos larmes; & c'eft que nous n'éprouvons jamais à la vue du plus beau tableau, ou de la plus belle ftatue (a). Accordons néanmoins de

---

(a) Les compofitions pittorefques, dont l'objet eft de nous toucher, réuffiroient peut-être mieux, traitées en efquiffe, parce qu'alors les expreffions, étant moins arrêtées, moins rendues que dans un Tableau fini, feroient naître, pour cette raifon même, plus de fenfations & d'idées. Mais il faudroit que ce fût l'efquiffe d'un Maître confommé dans fon art, & qui, ayant fouvent copié la nature fçut indiquer, par de maffes juftes, les principaux traits des caracteres des paffions propres à fon fujet. Les efquiffes ou les croquis de quelques Artiftes modernes, dont plufieurs Amateurs rafolent aujourd'hui, nous offrent le plus fouvent une forte de défordre & de *chiffonage*, qui n'eft que plaifant.

juftes éloges aux Peintres, qui, comme M. **Greuze**, font leurs efforts pour nous tranfmettre fur la toile des fcènes inftructives & morales.

La Dame Bienfaifante, qu'il vient de publier, eft gravée par M. Maffart, Artifte eftimable. Elle peut être placée à côté d'une autre Eftampe du même Graveur & d'après le même Peintre, intitu-lée: *La Mere Bien-aimée*. Je me rappelle, Charles, de l'avoir vue dans ton porte-feuille; mais j'ignore fi ton goût, un peu difficile, a fouffert qu'elle y reftât. Tu ne trouvois pas que la Mere Bien-aimée, dont la tête, le corps, les bras & les jambes fuivent la même direction, exprimât, dans fon attitude, cet abandon, appanage de la joie. Le Sujet ne te paroif-foit pas même affez clairement indiqué. En effet, le mouvement de furprife & d'admiration du pere, de la grand-mere, d'une fervante, à la vue de fix enfans empreffés, tous à la fois autour de leur mere, femble annoncer plutôt une reconnoiffance imprévue, qu'une fcène d'amour, d'attachement qui doit fe renouveller chaque jour, & caufer, par conféquent, moins d'étonnement que de fatisfac-tion & de plaifir.

On feroit peut-être tenté de croire que le pere, qui eft cenfé revenir de la chaffe, eft un étranger affez indifférent; car perfonne ne prend garde à lui. Peu de gravures ont d'ailleurs moins d'effet que celle-ci. La multiplicité de petites parties, des éclats de lumiere trop éparpillés, des tons trop reſſemblans, y produiſent du *papillotage* & de la confuſion. Mais ce que j'ai vu, Charles, te mettre un peu de mauvaiſe humeur, ce ſont les défauts de perſpective, d'intelligence dans les plans, de correction dans le deſſin. Si le Deſſinateur, par l'impuiſſance de ſon art, ne peut nous peindre que l'attitude du mouvement, que cette attitude ſoit du moins exacte, préciſe & capable de nous faire préſumer l'action qui doit ſuivre. Gerard Audran, dont tu recueilles avec ſoin les gravures, avoit cette correction de deſſin (*a*). On eſt un peu fâché de ne pas trouver cette même correction dans les

------

(*a*) Tous les Connoiſſeurs applaudiſſent au talent particulier avec lequel cet habile Graveur a rendu les batailles d'Alexandre, d'après le Brun. Il a ſu donner à ce Peintre, dit un bon juge, M. Cochin, un caractere & une fierté de deſſin, que ſes Tableaux n'offrent pas au même degré : talent bien rare chez les Graveurs. Il eſt peu de Traducteurs qui puiſſent égaler l'Auteur original, & beaucoup moins qui le ſurpaſſent. La premiere fois que les Eſtampes des batailles d'Alexandre parvinrent en Italie, un Amateur diſtingué, qui les avoient admirées en ſilence, jugeant que les Tableaux devoient être encore bien ſupérieurs aux Gravures, s'écria, avec amertume : *notre Raphaël n'eſt plus le premier Peintre ;* mais lorſque, dans un voyage à Paris, il vit ces mêmes Tableaux, il dit : *Raphaël eſt encore le premier Peintre.*

gravures faites d'après les Tableaux de M. Greuze ; dans celles du moins exécutées sous ses yeux, & qu'il a pris soin de retoucher plusieurs fois : aussi la plupart de ses Estampes, qui pourroient plaire un moment par le choix du sujet, rebutent & fatiguent par les défauts de l'exécution. Une scène qui devroit être intéressante, n'est plus qu'une scène triviale, froide & sans agrément. Tu trouvois, avec raison, Charles, que la figure la plus apparente de l'Estampe, qui est celle du Mari habillé en chasseur, pêchoit dans l'ensemble & les proportions. La tête, par exemple, te paroissoit trop forte pour le corps, les mains trop petites, la partie inférieure de la figure d'une proportion trop courte, quoique la jambe droite soit de beaucoup plus longue que la gauche, trop courte aussi pour son plan. Cette jambe, décrit d'ailleurs une courbe, que la nature ne donne point & ne peut donner. Il seroit encore bien difficile à l'Artiste de rendre compte de l'ensemble de cette figure de vieille, qui représente la Grand-Mere. Elle est assise sur une chaise, & a la jambe droite posée sur un escabel. Mais on ne sait comment cette jambe tient au corps, & aucune forme n'indique la position de la jambe gauche. Cette bonne femme a d'ailleurs des mains qui ne paroissent point appartenir à la même figure.

J'ai remarqué avec toi, Charles, qu'il n'est pas

naturel qu'un enfant, encore au berceau, embraſſe le menton de ſa mere ſans être ſoutenu., ou du moins ſans faire craindre de le voir tomber : & ce berceau qui forme un très-grand plan entre la mere bien-aimée & deux autres enfans, dont on n'apperçoit que les têtes, laiſſe le Spectateur incertain comment ces enfans ont pu atteindre la main qu'ils veulent baiſer. On pourroit être également inquiet de la poſition du jeune homme, qui s'eſt mis à genoux ſur une table aſſez éloignée, & derriere la mere pour lui baiſer le front (a). Tu n'approuvois pas auſſi le peu de goût de l'Artiſte, dans le choix des formes pittoreſques de ſa compoſition. Tu lui reprochois d'avoir, dans une ſcène pleine de mouvement, préſenté une file de têtes ſous le même aſpect. C'eſt pour te faire oublier tous ces défauts, que je te prie, Charles, de jetter les yeux ſur la nouvelle Eſtampe de *la Dame bienfaiſante*.

(a) L'Artiſte peut ſuppoſer cette table fort longue; mais il falloit du moins laiſſer appercevoir une partie des pieds de cette table, afin que le Spectateur fût à portée de ſe rendre compte des différens plans de la compoſition. C'eſt ce que le Pouſſin & d'autres grands Maîtres n'auroient pas négligé de faire.

LETTRE II.

TU plaifantes, Charles, lorfque tu me dis que tu avois déjà vu l'Eftampe de *La Dame bienfaifante.* Tu auras reconnu les caracteres de tête ordinaires à M. Greuze ; tu auras remarqué à peu près les mêmes phifionomies, la même maniere d'ordonner, de difpofer, & tu auras dit : cette Eftampe m'a déjà paffé par les mains. Il eft, en effet, difficile de ne pas fe défendre de cette illufion : il femble du moins, en voyant les différentes gravures publiées d'après cet Artifte, que c'eft toujours la même famille qui reparoît. Le caractere de tête du Vieillard, de la nouvelle Eftampe, ne differe pas beaucoup de celui de cet autre Vieillard que l'on remarque dans les Eftampes *du pere de famille* lifant la Bible, *de l'Accordée du Village, du Paralytique*, &c.

Tu trouves, Charles, que cette tête eft chargée d'une multitude de petits travaux, qui, par la fécherefse, avec laquelle ils font rendus, n'expriment que la peine & la fatigue du Graveur. Le défaut de M. Greuze eft de vouloir que l'Artifte, qui réduit les figures de fes Tableaux, conferve dans les détails les mêmes degrés de teinte. Qu'en réfulte-t-il? Ces détails fupportables dans une tête

olorée, deviennent fecs & durs dans cette même
ête rendue par la gravure, qui n'a que le noir &
e blanc pour toute couleur. Si l'objet eft petit, ce
léfaut d'intelligence eft plus fenfible, & l'on n'ap-
erçoit plus qu'une figure découpée par de petits
illons de lumiere & d'ombre qui la font reffembler,
, un bufte de cuivre ou d'airain. Tu trouvois
Charles, les mains du chaffeur de la première
Eftampe, trop petites; maintenant tu te plains de
e que celles du vieillard malade font trop fortes,
ur-tout la main gauche. Que veux-tu que je te
life? L'Artifte pourroit te faire une réponfe à peu
près femblable à celle que fit un Poëte au Pape
Clément VII (a). La perfpective linéaire, ajoutes-
tu, eft tellement négligée dans cette Eftampe,
qu'on ne foupçonne pas d'abord la femme du Vieil-
ard couchée dans le même lit. Je t'avoue, Charles, que je l'avois d'abord crue fimplement appuyée
fur ce lit, dans l'action de remercier la Dame
bienfaifante. Ce qui fembloit me le confirmer,

(a) Ce Poëte lui préfentoit un Sonnet de fa compofition,
& le Pape, jettant les yeux deffus, apperçut au fecond ou troifieme vers, une fyllabe de moins. Il le fit obferver au Poëte;
mais celui-ci, fans fe déconcerter, répondit auffi-tôt: « Que Sa
» Sainteté daigne continuer de lire, elle trouvera quelques
» vers où il y aura une fyllabe de trop. Ainfi l'une ira pour
» l'autre ».

c'eſt que ſes jambes ſont ſi courtes, par rapport à
celles du mari, qu'on ne peut ſuppoſer que les
pieds, qui ſont un peu indiqués par les plis de la
couverture, lui appartiennent. Ne trouves-tu pas
auſſi que le corps du Vieillard eſt, par rapport à
celui de la femme, ſur un plan trop incliné, &
qu'il eſt prêt à tomber. L'expreſſion de ſa recon-
noiſſance, eſt, comme cela doit être, moins vive
& plus noble que celle de la femme. Celle-ci, les
mains jointes, ſemble ſe jetter au-devant de ſa
bienfaitrice. Son attitude eſt très-expreſſive ; mais
ſon regard, qui eſt louche, défigure un peu cette
expreſſion. Le caractere de tête de la Dame bienfaiſante eſt agréable, ſi tu veux, mais froid. On
pardonne plus aiſément cette indifférence à la Sœur
de Charité, repréſentée debout. L'habitude qu'ont
ces ſortes de femmes de voir des infortunés, doit
les rendre aſſez tranquilles ſur leurs peines & leurs
chagrins ; mais on eſt un peu fâché que l'Artiſte
n'ait pas mieux deſſiné les mains de cette femme.

La fille de la Dame bienfaiſante préſente aux
époux une bourſe de la main gauche. Cette petite
fille, qui a l'air chagrin, témoigne, par ſon attitude
contrainte & gênée, plutôt de la répugnance, que
le reſpect que doit lui inſpirer la vue de ces infortunés. Comme cette figure eſt ſur le premier plan,
l'Artiſte auroit dû au moins s'appliquer à la deſſiner

plus

plus correctement que les autres, & ne point lui placer une oreille trop haut. Une faute moins pardonnable, est de lui avoir fait le pied qui est sur le plan le plus éloigné, beaucoup plus gros que l'autre.

On peut remarquer une incorrection également choquante, dans l'attitude paresseuse du petit commissionnaire placé au pied du lit. Il repose sa tête sur son bras gauche, appuyé sur le dossier du lit; mais comment ce bras, de la maniere dont il est indiqué, peut-il s'attacher à l'épaule. Ce commissionnaire joue ici à peu près le même rôle d'indifférent, que la Sœur de charité qui est à l'autre bout de la scène. Il semble cependant que l'Artiste auroit pu lui donner tout autre emploi que celui de lui faire tenir négligemment un balai, sur-tout lorsqu'il voit une famille respectable se présenter pour secourir des infortunés.

Tu n'approuvois pas, Charles, cet amas de draperies qui couvre la Dame bienfaisante, & empêche que le mouvement de la figure puisse être senti. Sa petite fille t'a paru singuliérement habillée; & ce lourd rideau, qui, placé au-dessus de la scène, retombe de dessus sa barre par trois grands plis égaux & perpendiculaires, peut encore servir à confirmer la critique que tu fais du goût, peu pittoresque, de l'Artiste.

B

On rapporte de plusieurs Peintres célébres, qu'après avoir étudié séparément les figures de leurs compositions, ils les modeloient & les disposoient en scène, pour les peindre ensuite dans leurs Tableaux (a). Doit-on s'étonner après cela des vérités de nature qui s'y trouvent, & des défauts sans nombre de perspective & d'intelligence, dans la distribution des ombres & des lumieres, de la part des Artistes, qui, après avoir étudié séparément les différens caracteres de têtes de leurs compositions, croient pouvoir se dispenser de faire d'autres études. Il est néanmoins des fautes, que, sans avoir peint d'après les objets placés & éclairés, tels qu'ils doivent l'être dans le Tableau, une simple réflexion pourroit faire éviter, comme d'empêcher par une sage distribution de la lumiere, que les devants ne tiennent au fond. Dans l'Estampe, par exemple, que tu as sous les yeux, Charles, les effets sont si peu ménagés, que les ombres portées par la main gauche du vieillard, sur le linge blanc, & qui

---

(a) « Je demandois un jour à Poussin, dit Vigneul de Mar-
» ville, dans ses *Mélanges d'Histoire & de Littérature*, par
» quelle voie il étoit arrivé à ce haut point d'élévation, qui
» lui donnoit un rang si distingué entre les plus grands Peintres
» d'Italie : Il me répondit modestement : je n'ai rien négligé ».
Leçon importante pour tous ceux qui courent la carriere des
Arts.

devroient être, comme la simple observation l'indique, transparentes, sont aussi noires, aussi épaisses
que celles portées sur tout autre objet du fond. C'est
cette négligence dans les reflets les plus essentiels,
qui découpe l'Estampe & occasionne ce cliquetis de
lumieres & d'ombres âcres, qui frappent l'œil d'une
maniere discordante. Mais ce défaut est moins sensible dans les sujets du même Artiste qui sont peu
composés, & l'on en sent bien la raison. Pour te
le prouver, Charles, je t'envoie l'Estampe de *l'Offrande à l'Amour*, gravée par M. Macret.

LETTRE III.

JE te demandois, Charles, que tu jettaffes les yeux
fur l'Eftampe de l'*Offrande à l'Amour*, pour te
convaincre, que quand le fujet étoit fimple, l'Artifte réuffiffoit mieux dans l'effet de fon Tableau,
parce qu'alors il pouvoit embraffer plus facilement
fa compofition fous le même point de vue. Mais,
au lieu de me confirmer cette remarque, tu vas me
citer, à l'occafion de la jeune fille, qui implore
l'Amour, le ftyle adopté par les Statuaires Grecs.
Affurément l'Artifte M. Greuze, n'a jamais eu
l'intention, du moins dans ce Tableau, de nous
rappeller le ftyle noble & pur des Statues antiques.
Je conviens, cependant, avec toi, que le défaut de
nobleffe & de correction dans le ftyle, eft fur-tout
fenfible dans ces fortes de fujets poëtiques, qui
doivent nous faire oublier, en quelque forte, la
foule des objets qui nous environnent, & élever
notre penfée par l'image d'une nature fur-humaine.

La Nymphe de l'*Offrande à l'Amour*, repréfentée
à genoux fur les marches du piédeftal, & dans
une attitude gênée, n'a pas même cette fimplicité
naïve qui convient au fujet. La tunique qui la
couvre & la ferre par le bas, accufe trop durement
la forme du ventre, & ce n'eft pas ainfi que les

Artiftes, qui ont étudié l'antique, font fentir le nud. L'écharpe dont elle eft ceinte, l'embarraffe beaucoup plus qu'elle ne la pare ; & le Spectateur auroit de la peine à fe rendre compte des plis de la draperie. Ces plis, par la douce gradation d'une courbe infenfible, doivent fe perdre les uns dans les autres fans rien dérober du contour du corps, qui doit fe laiffer voir dans toute fa perfection, à travers cette efpece de voile tranfparent.

Tu me demandes fi le petit bonhomme qui eft fur le piédeftal, repréfente l'Amour, ou fi c'eft un Acteur mis en fcène avec la jeune Nymphe. Je te l'avouerai, Charles ; j'ai confulté là-deffus des Amateurs qui ont vu le tableau ; ils m'ont dit que la couleur de marbre ou d'airain, je ne me rappelle pas laquelle des deux, donnée dans le Tableau à cette figure, ne permettoit pas de douter que l'Artifte n'eût voulu repréfenter une ftatue de l'Amour. Mais ce doute refte pour l'Eftampe ; car les travaux de la Gravure ne caractérifent point le marbre ou l'airain ; & font, à peu près les mêmes que ceux que le Graveur a employés pour repréfenter la Nymphe : & comme cette prétendue ftatue de l'Amour, qui ne nous rappelle aucunement l'image que les Poëtes nous donnent du plus beau des immortels, a une action qui répond à celle de la Nymphe, on

B iij

eſt tenté de croire que c'eſt un petit marmot deſ-
cendu des montagnes de Savoie, & monté ſur le
piédeſtal, pour faire niche à la jeune Nymphe. Sur
ce piédeſtal, eſt repréſenté en bas-relief la Fable
de Daphné pourſuivie par Apollon; mais ce Dieu
reſſemble plûtôt à un Faune, qu'à l'amant reſpectueux
d'une Nymphe ſimple & timide. On conçoit que
l'Artiſte n'a pu, dans des figures de ſi petites proportions, mettre beaucoup d'expreſſion; mais l'on
pouvoit exiger du moins, que ce prétendu Apollon
annonçât, par ſon geſte & par ſon attitude, un amour
un peu différent de celui qui doit animer le Dieu Pan.
L'Apollon pourſuivant Daphné du Bernin, plein
d'amour le plus violent & le plus reſpectueux, ex-
prime ce reſpect par ſon bras porté vers la Nymphe,
& qu'il a retiré un peu en arriere au moment de la
métamorphoſe. Gerard Laireſſe a caractériſé ce
ſentiment d'une autre maniere. Son Apollon, dans
le Tableau qu'il nous en a donné, a une main ſur
ſon cœur, & préſente l'autre à la jeune Nymphe.

La gravure de cette Eſtampe eſt en général d'un
travail maigre & indécis. On ne peut cependant
refuſer à l'Artiſte un burin ſouple & gracieux
pour rendre les chairs; & on doit lui ſavoir gré
de n'avoir pas mis dans ſa couleur cette âcreté de
teinte juſtement reprochée aux Artiſtes qui gra-

vent fous la direction de M. Greuze. Il femble
même, par la maniere dont il corrige les épreuves,
qu'il ne compte pour rien la variété des tailles, la
pureté des travaux, la netteté du burin. Auffi on
ne doit pas efpérer de trouver dans les gravures
faites fous fes yeux, des objets caractérifés par les
tailles favamment inégales d'un burin libre & varié,
& encore moins ces tons tranfparens, argentins,
qui flattent agréablement l'œil de l'Amateur dans les
gravures des Edelinck, des Poilli, des Drevet, &c.

Dans l'Eftampe de *la Dame bienfaifante*, par
exemple, des noirs âcres également mis par-tout,
détruifent l'harmonie des tons, & empêchent de
diftinguer les parties qui doivent refter fur le devant de celles qui doivent fuir. Il feroit également
difficile, par le défaut de variété dans les travaux,
de connoître la nature des différentes étoffes dont
la Dame bienfaifante & fa fille font habillées. Tu
as cependant loué, Charles, le talent avec lequel
le Graveur a rendu la couverture du lit du Vieillard.
On voit avec plaifir que l'Artifte a confulté, pour
cet objet, les gravures de Corneille Vifcher. Mais,
dans tout le refte, fes travaux de petite maniere,
ne font point affez décidés, fur-tout lorfqu'il faut
affurer les contours du nud, & faire fentir les
formes rondes ou méplattes de la nature.

B iv

Tu te plains, Charles, de ce que je t'ai envoyé
de cette Eſtampe de *La Dame bienfaiſante*, une
épreuve aſſez mal imprimée. Je t'avouerai que j'ai
pris, ſans trop d'examen, celle qu'un colporteur
m'a apportée. Ce n'eſt pas qu'il n'eût d'autres
épreuves; mais il vouloit les vendre beaucoup plus
cher. Il avoit des épreuves avant la lettre, d'autres
où la dédicace & les armes ſe trouvent gravées, mais
qui ſont ſans adreſſe ; de troiſiemes épreuves avec
l'adreſſe de M. Greuze, & le titre de Peintre du
Roi ; de quatriemes où ce titre de Peintre du Roi eſt
effacé; de cinquiemes enfin où les noms du Peintre
& du Graveur, tracés à la pointe dans le bas d'une
eſpece d'armoire placée dans le coin de l'Eſtampe,
ſont très-peu liſibles, ce qui ſert à diſtinguer les
dernieres épreuves. Tu vois, Charles, que l'on
met ici à profit tous les moyens poſſibles pour pi-
quer la curioſité des Amateurs ; & ces petites ru-
briques ſont la mine d'or de la gravure. Le commerce de Livres n'a point ces reſſources; on ſe hâte
moins de faire l'acquiſition d'un Livre nouveau
qui paroît ; mais l'Amateur qui met une ſorte de
gloriole à orner ſon porte-feuille de ces *merveil-*
leuſes épreuves avant les remarques, eſt plus preſſé
de faire ſes demandes ; & c'eſt ce qui a ſouvent
donné le débit à des Eſtampes aſſez médiocres. Cet

empreſſement, cependant, eſt aſſez inutile aujour-
d'hui, que pluſieurs Artiſtes ne publient les épreuves de leurs Planches, que lorſqu'elles commencent
à s'uſer. Au reſte, puiſque l'eſprit d'intérêt a intro-
duit une eſpece d'agiotage dans la vente des premieres épreuves d'une Planche, n'eſt-il pas naturel que celui qui a cette Planche, ſoit le premier
à mettre à contribution le fol empreſſement de
certains Amateurs, pour ces épreuves de choix
qu'ils croient rares.

LETTRE IV.

TU t'étonnes, Charles, de ce qu'ayant sous les yeux des gravures qui nous ont tranfmis, par la magie d'un burin fouple, pur, harmonieux, & conduit avec intelligence les plus beaux Tableaux des Peintres Italiens & François, les Amateurs courent fi fort après des Eftampes, qui ne leur rappellent rien des beautés qu'ils ont admirées plufieurs fois. Tu ignores, Charles, que ce ne font pas les vrais Connoiffeurs qui donnent ici la vogue aux Eftampes modernes; mais nombre de gens qui, ayant vu telle Eftampe d'un Artifte portée dans une vente à un prix plus haut qu'elle n'a été vendue, fpéculent fur cette Eftampe, & en prennent plufieurs à la fois. D'ailleurs, tu fais bien que ce n'eft pas toujours la nobleffe de la compofition, la correction du deffin, l'intelligence d'un burin fupérieur qui font la fortune d'une gravure; mais plutôt le choix d'un fujet où le commun des Spectateurs remarque une fcène qui lui plait (a). Nous en avons un exemple,

---

(a) Si l'Eftampe nouvellement publiée, repréfentant la mort du Maréchal de Turenne, a trouvé des acheteurs, vous autres qui calculez les profits que donnera l'entreprife d'une Gravure;

dans notre Hogarth, qui a fait une fortune immenfe avec fes Eftampes, à peu près oubliées aujourd'hui. Hogarth (a) n'étoit pas un Artifte favant & fupérieur à fes contemporains. Il deffinoit même très-mal, & il avoit auffi peu de connoiffances des véritables régles de la compofition, que des effets du clair-obcur. Sa grande réputation lui vient d'avoir été doué par la nature de cette efpece de génie faty-rique & mordant, qui fçait trouver le ridicule où il eft, & le rendre fenfible aux yeux d'une multi-tude, à laquelle il faut, pour être ébranlée, de ces repréfentations burlefques & outrées, de ces traits chargés qui la difpenfent de chercher, dans fon âme, l'explication de ces expreffions & de ces mou-vemens fimples & naturels, qu'une favante main lui auroit tracés. Nos compatriotes en géneral, mon

---

choififfez pareillement une fcène fufceptible d'intérét, & quoi qu'elle foit rendue fans grace, fans efprit & fans expreffion, ne défefperez pas encore d'avoir les fuffrages de ceux qui ne fe décident pour un Ouvrage que fur le titre, & c'eft le plus grand nombre.

(a) Guillaume Hogarth, Peintre Anglois, né à Londres en 1698, mort dans la même ville vers la fin de 1764. Il a gravé fur fes deffins une fuite nombreufe de Planches, qui font autant de fatyres des ridicules de fon pays. On le met en Angleterre auprès de Butler, Auteur fameux du Roman fatyrique & co-mique, intitulé : *Hudibras.*

cher Charles, ne se défendent pas d'aimer la grosse plaisanterie. S'ils la souffrent, s'ils y applaudissent sur le Théâtre, à plus forte raison ont-ils dû lui faire accueil quand elle s'est montrée sur le papier. Lorsqu'Hogarth débuta par cette suite de Planches, dans lesquelles il a représenté une jeune fille qui arrive à Londres, & qui, après avoir fait un premier faux pas, se livre à la débauche la plus effrénée & périt enfin misérablement, il le fit d'une façon si frappante, que tout dégoûtant & tout hideux que fut ce spectacle, on s'arracha les Estampes des mains. Il n'y eut aucun chef de famille dans Londres qui ne se crut obligé d'en faire l'emplette, & qui ne les regardât comme une instruction plus propre, que toutes les exhortations à retenir les jeunes gens dans le devoir. Hogarth ayant une fois reconnu & saisi le goût du Public, continua jusqu'à la fin de ses jours, de s'exercer dans le même genre; & profitant de toute l'étendue de la liberté Angloise, il osa attaquer toutes les conditions, tous les usages, toutes les modes. Il ne laissa échapper aucun ridicule, aucun travers. Il fit plus lui seul que tous les satyriques ensemble. Ce qui doit paroître singulier, bien des gens se reconnurent, ou se virent montrer au doigt dans ces sortes de pasquinades, que notre Artiste produisoit, & personne ne se plaignit, ni ne demanda justice. Si quelqu'un en

eût l'imprudence, il n'en devint que plus ridicule
& plus exposé à la censure. Nos compatriotes se cru-
rent intéressés à protéger les travaux d'Hogarth (a),
persuadés que rien ne pouvoit contribuer davantage
à la réformation des mœurs & des faux préjugés ;
tant il est vrai, que chez le commun des hommes,
une leçon qui prend le chemin des yeux pour arriver
au cœur, pénetre plus facilement & y fait une
plus profonde impression. Le point est de bien

(a) Cet Artiste qui a souvent égayé ses compositions par des
traits de satyre personnelle, auroit dû sans doute voir avec
indifférence, avec fermeté du moins, ces mêmes traits lancés
contre lui. Cependant, (ce n'est pas le seul exemple que nous
pourrions citer), celui qui se permettoit des sarcasmes dans ses
Ouvrages & dans ses discours, contre plusieurs de ses contemporains, étoit l'homme du monde le plus sensible à la critique.
On prétend même que le chagrin qu'il eût d'une satyre publiée
contre lui par le Poëte Churchill, fut si vif qu'il le conduisit au
tombeau. Ce Poëte étoit l'ami de M. Vilkes. Hogarth avoit
cru que la figure assez dure & peu agréable de ce Républicain,
fourniroit une caricature excellente; il s'égaya sur ce Portrait,
mais il eut lieu de s'en repentir. Quoi qu'il eût donné à
M. Vilkes l'attribut qui pouvoit le flatter le plus, une pique
sur laquelle étoit un bonnet, symbole de la liberté; celui-ci
prit en mauvaise part la plaisanterie de l'Artiste, & la repoussa
par cette satyre dont le pauvre Hogarth, accoutumé depuis
long-tems à voir les railleurs de son côté, ne put supporter
toute l'amertume.

déterminer comment doit être donnée la leçon, &
d'éviter ce qu'elle peut avoir de nuisible ; car,
des images telles qu'on en trouve dans les suites
des Estampes d'Hogarth, où le vice se montre tout
nud & sans aucun voile, ne sont que trop propres
à troubler l'imagination, & y peuvent causer des
ravages aussi dangereux que le mal même dont on
veut inspirer l'horreur. Si ce sont de simples ridicules qu'on attaque, il est rare qu'il ne s'y mêle
des personnalités qui autorisent la médisance, en-
tretiennent l'aigreur & rompent les liens de la Société. Mais on ne pourra jamais faire aucun de ces
reproches à M. Greuze; & je me plais à l'avouer,
les différentes scènes qu'il a fait graver d'après ses
Tableaux, tendent à nous faire connoître la vertu
& à nous le rendre plus aimable. Ces scènes sont
ordinairement neuves, & le sujet en est choisi en
homme d'esprit. Si l'exécution laisse beaucoup à
desirer, c'est que l'art est difficile.

On nous promet, du même Artiste, deux nouvelles gravures, dont les sujets sont une *malédiction
paternelle* ; & un *fils puni*. Comme on en fait beaucoup d'éloges, j'aurai soin, Charles, de te les faire
connoître (*a*). Je pourrois t'envoyer, dès à présent,

_____

(*a*) Nous exhortons d'autant plus notre Amateur, à nous
instruire des nouvelles Gravures publiées d'après M. Greuze.

deux petits croquis, gravés d'après ces compositions. On a affecté d'écrire au bas des Planches, que ces gravures avoient été faites de mémoire. Mais ces prétendues gravures de mémoire, ressemblent un peu à ces pieces dérobées à un ami. On sait que ces sortes d'amis, ont toujours la complaisance de détourner un peu la tête, pour que le larcin puisse se faire plus aisément.

Tu me demandes si j'ai vu les Tableaux d'après lesquels les Estampes, nouvellement publiées, ont été gravées : non, mon cher Charles, & il n'y a pas d'apparence que je puisse les admirer cette année, lors de l'exposition au Sallon du Louvre, des Ouvrages de MM. de l'Académie Royale de Peinture & de Sculpture, car on m'a dit que M. Greuze, qui est de cette Académie, se refusoit à ces sortes d'expositions. Est-ce par modestie, ou par un autre motif ? Tu te rappelles, Charles, que notre

---

& chez lui qu'elles sont les seules, peut-être, dont il n'est point rendu compte dans les Journaux ou Papiers publics de France. Ce silence de la part des Journalistes nous fâche un peu. Au reste, c'est une raison de plus de desirer qu'un Amateur étranger, nullement prévenu en faveur de ses compatriotes, & éloigné de toute espece d'engouement, veuille bien prendre cette peine.

Hogarth n'étoit pas également empreſſé de faire voir ſes Ouvrages aux Artiſtes. Il reconnoiſſoit, a-t-on dit, tout le monde pour juge compétent de ſes Tableaux, excepté les connoiſſeurs de profeſſion ; & il eſt aiſé d'en ſentir la raiſon, c'eſt qu'il n'y avoit que ces derniers qui fuſſent en état de prononcer ſur ce qui lui manquoit du côté de l'art ; & par-là, Hogarth faiſoit l'aveu de ſon ignorance, & conſirme mes obſervations.

LETTRE V.

Sur la nouvelle Estampe intitulée : La
Malédiction paternelle, *& sur les Gra-*
vures de M. Corneille Ploos Wan-
Amstel.

VOICI, Charles, une des scènes de mœurs &
d'expressions, que je t'avois annoncées dans ma
derniere lettre. L'Artiste, M. Greuze, à qui cette
nouvelle composition semble confirmer le titre de
Peintre du Sentiment, dont quelques Amateurs l'ont
gratifié, nous donne aujourd'hui le spectacle d'un
pere irrité, qui prononce sa malédiction contre un
fils ingrat & désobéissant. Comme l'on voit ici un
Officier recruteur, il faut croire que le jeune homme
a encouru l'indignation de son pere par un engagement fait contre sa volonté. Peut-être que si l'Artiste eût simplement représenté le fils dans l'action
de se retirer, sans placer à côté de lui un Officier
qui l'attend, on auroit pris plus d'intérêt à la situa-
tion de ce pere de famille, parce qu'alors on auroit
pu supposer un motif plus puissant de son courroux.

C

En effet, pourquoi, diront ceux qu'anime la gloire de servir le Prince & la Patrie, ce pere s'irrite-t-il de voir son fils préférer les périls glorieux de la guerre, aux travaux paisibles de l'Agriculture? En supposant néanmoins que ce pere de famille, qui avoit droit d'attendre dans sa vieillesse des services de son fils, soit justement irrité contre l'ingratitude de ce fils, est-ce le moment de lui donner une malédiction, lorsque l'engagement est pris & qu'il part pour se rendre à son service? M. Greuze pourra peut-être répondre que l'on suppose ici bien gratuitement que l'engagement est formé, qu'il a choisi le moment où le jeune homme vient menacer son pere, s'il ne fournit point à ses plaisirs, de quitter la maison paternelle, & d'aller prendre un engagement avec cet Officier qui l'attend. Mais, lui répondra-t-on, personne ne supposera qu'un Militaire s'est associé avec un jeune libertin, pour forcer un pere de famille à fournir aux débauches de son fils. D'ailleurs, cet Officier, qui est une répétition du personnage de cette Sœur de charité, de l'Estampe de *la Dame bienfaisante*, annonce assez par son air tranquille & même indifférent, qu'il ne craint point que le jeune homme qu'il juge propre pour les armes lui échappe. Voilà, Charles, l'inconvénient de toutes ces scènes détachées. Comme aucune action précédente n'a annoncé, expliqué ou déterminé la cataſtrophe actuellement repréſentée ; cette cataſtrophe reçoit des interprétations ſouvent contraires ; elle devient équivoque, & l'effet, par conſéquent, ſe trouve manqué. Si la pantomime eſt avec cela en contradiction avec les expreſſions que l'Artiſte a voulu rendre, comment s'intéreſſer à une action ſi mal développée? Or, dans la ſcène en queſtion, que l'on nous annonce pour être le moment de la malédiction paternelle, l'attitude & le geſte du Pere de famille, ſont abſolument oppoſés à ſon caractere de tête & à cette indignation qu'il veut manifeſter. Lorſqu'un pere irrité prononce contre ſon fils ces paroles terribles : « Éloigne-» toi de moi, enfant ingrat & dénaturé ; je te » donne ma malédiction ; va loin de moi ». Il doit repouſſer en quelque ſorte, avec le bras, l'objet qu'il maudit, & détourner la tête. Mais ici, au contraire, le Pere de famille ſemble ſe lever de deſſus ſon ſiége, & tendant les bras vers ſon fils (a), il eſt à préſumer qu'excité par un retour de tendreſſe, il le rappelle & lui dit : « Où vas-tu, mal-

_____

(a) Le Lecteur ne doit pas oublier, que notre Voyageur parle toujours d'après l'Eſtampe, où les mains du Vieillard ne ſont pas rendues, comme elles peuvent l'être dans le Tableau.

C ij

« heureux »? On pourroit donc croire que c'eſt plutôt le moment qui ſuit la malédiction, que ce moment même que l'Artiſte a voulu repréſenter ; ſi l'attitude menaçante du fils (a), l'expreſſion de colere du Pere de famille, l'inſcription même du ſujet, n'indiquoient que l'Artiſte a eu l'intention de peindre un pere irrité, donnant ſa malédiction.

Le Groupe où eſt repréſenté le jeune homme debout & prêt à partir, eſt très-bien ſenti. La mere du jeune homme lui paſſe un bras autour du col, & s'efforce de le toucher, s'il eſt encore tems. Une Sœur cherche de ſon côté à l'arrêter par ſes prieres. Il n'y a pas juſqu'à un petit frere, qui ne s'efforce de retenir le jeune homme; mais ce petit frere a une expreſſion chargée qui n'eſt pas de ſon âge. Les pleurs qui ſont le langage de l'enfance, exprimeroient mieux la peine que reſſent ce petit frere à la vue de ſon aîné, qui quitte la maiſon paternelle. Le Groupe du Pere de famille qui eſt aſſis & placé dans la partie oppoſée de la compoſition, n'eſt pas à beaucoup près auſſi heureux que le premier. Une de ſes filles s'eſt jettée à ſes genoux pour

_____

(a) Cette attitude eſt-elle bien celle que l'Auteur devoit choiſir? Et auroit-on droit de blâmer ceux, qui, en voyant l'Eſtampe, ont demandé lequel des deux du pere ou du fils, donnoit la malédiction?

faire révoquer, s'il eſt poſſible, l'Arrêt qu'il vient
de prononcer contre le fils ingrat. Cette jeune perſonne s'efforce de retenir le bras du Pere de famille
irrité; mais, comme le geſte du pere n'a pas été
bien ſenti par l'Artiſte, on trouvera également ſon
incertitude dans la poſition qu'il a donnée à cette
jeune fille (a).

Tu pourras remarquer, Charles, dans cette nouvelle compoſition, des incorrections de deſſin &
des défauts d'enſemble & de perſpective, comme
dans les précédentes compoſitions du même Artiſte.
Mais il faut les lui pardonner en faveur de ce caractere original qu'il montre dans ſes productions, &
de quelques expreſſions bien choiſies. Ces expreſſions frapperont le Spectateur, même le plus indifférent, qui regardera le Tableau; car, pour la
Gravure, elle ne nous en repréſente qu'une copie,
quelquefois plus froide & quelquefois plus chargée.
Cette copie n'a aucun effet de plan. On ſeroit même
tenté de croire en voyant la diſpoſition du ſujet
compoſé de huit figures placées à peu près ſur la
même ligne, & collées en quelque ſorte ſur le fond,

_____

(a) Cette ſœur ſemble plutôt ſoutenir le bras du Pere de
famille que le retenir; & ce bras produit avec celui de la jeune
perſonne un angle déſagréable. Pourquoi négliger de ſatisfaire
les yeux, lorſque l'expreſſion y trouve ſon compte?

que l'Eſtampe a été gravée d'après un Bas-relief.
Tu m'objecteras peut-être, que pour faire regarder
cette compoſition, comme un ſujet de Bas-relief,
il faudroit au moins un ſtyle de deſſin plus noble &
plus correct (a). Mais, Charles, on eſt ici un peu
accoutumé à voir des Eſtampes modernes, dont les
figures gravées même d'après les plus grands Maîtres,
ne ſont pas mieux deſſinées (b). Il ne faut pour
plaire à la plupart des Amateurs qu'une certaine
propreté d'outil. Au reſte, cette incorrection de
deſſin choque peu ceux qui regardent les Tableaux
de M. Greuze, parce que ſéduits par des traits d'expreſſion bien rendus, ils détaillent moins les autres parties de la compoſition. Mais j'avoue avec

_____

(a) Il me ſemble que l'Anglois confond ici le genre avec le
ſtyle. Le ſtyle de deſſein de M. Greuze eſt analogue à ſon
genre.

(b) Notre Amateur pourroit citer entr'autres Eſtampes,
celle des _Couſeuſes_, que l'on dit gravée d'après le Guide; mais,
qui pourroit le croire en voyant cette Gravure? O Guido Reni!
Peintre des Graces! toi, qui as répandu tant de nobleſſe & de
naïveté ſur les têtes de femmes & de jeunes hommes! toi! dont
la touche eſt par-tout ſpirituelle, facile & cependant exacte,
qui te reconnoîtroit dans cette Eſtampe dite des _Couſeuſes_,
dans cette manière de graver mole, ronde & froide, dans ces
têtes & ces mains ſi lourdement deſſinées?

toi, Charles, que ce défaut est insupportable dans une gravure privée de la magie du coloris, sur-tout lorsque le style de cette Gravure est froid & mono-tone. Le Graveur de la nouvelle Estampe, de *la Malédiction paternelle*, a une taille assez nette ; & cette taille a du corps ; mais son burin trop égal & dépourvu de touches, répand sur ses travaux une sorte de pesanteur.

Tu trouveras sans doute, Charles, une grande différence entre toutes ces Gravures & celles de notre Bartholozzi (a). Mais, n'appréhendes-tu pas

(a) François Bartolozzi, Graveur, né à Florence d'un pere Orfévre, exerce depuis long-tems ses talens en Angleterre. Les douze Estampes qu'il a publiées à Venise en 1761 & 1762, d'après de très-bons dessins du Guerchin, ont commencé sa réputation qu'il a augmentée par d'autres belles Gravures, faites d'après différens Maîtres Italiens. La Gravure de M. Bartolozzi est brillante, sa pointe est franche, & son burin produit une très-belle couleur. Cet Artiste estimable n'a jamais négligé l'étude du dessin ; il a même soumis à cette étude toutes les autres parties de la Gravure, persuadé, avec raison, que le dessin qui est le fondement de la Peinture le doit être aussi de la Gravure, & que toutes les fois qu'on s'est rendu cette étude familiere, le reste n'est plus qu'un jeu, & n'est, à proprement parler, qu'une opération purement manuelle. Il seroit donc à desirer pour les progrès mêmes de l'Art, que l'Académie Royale de Peinture & de Sculpture de Paris, qui admet des Graveurs

que le goût de certains Amateurs, pour les Gravures en manieres rouges ou coloriées, Gravures
faites en quelque forte au petit point, ne faffent
un peu de tort à la Gravure plus mâle, plus variée
& plus favante du burin. Il faut convenir cependant que les différentes pratiques adoptées de nos
jours, pour imiter le *faire* du deffin font très-
adroites. Tu m'as fouvent montré avec plaifir,
mon cher Charles, les Gravures très-précieufes &
très-cheres de M. Corneille Ploos Wan-Amftel.
Cet Amateur d'Amfterdam eft, à ce qu'on m'a dit,
un de ceux qui s'eft le plus occupé à imiter en Gravure les différentes manieres de deffiner. M. Ploos,
comme tu me le faifois obferver, a copié avec
tant de fidélité les deffins, foit au crayon, foit
lavés à l'encre de la Chine ou au biftre, foit coloriés, qu'on s'imagine avoir fous les yeux les ori-
ginaux mêmes. Ce travail, conduit avec toute la
patience dont eft capable un homme de fon pays,
paroît être fait au cizelet, ou avec quelque outil
d'acier, dont la tête dentelée eft très-propre à im-
primer fur le cuivre des points de toutes fortes de

---

dans fon fein, exigeât de ceux qui fe préfentent des Académies
deffinées correctement d'après le modele. Ce feroit le moyen
d'écarter de cette Académie des Graveurs qui fe difent Artiftes,
& ne font dans le fait que des Ouvriers.

groffeur & de profondeur, qui, ménagés avec adreffe, & joints les uns avec les autres, font capables de donner à l'impreffion les traits & les teintes dont on a befoin, pour rendre ou le grenu du crayon, ou le liffe du lavis (a). Cette opération me paroît être à-peu-près la même que celle dont François, & depuis lui, Demarteau & tant d'autres ont fait ufage en France, & qui n'eft dans la vérité qu'un renouvellement de ce qui avoit été pratiqué autrefois par Lutma. M. Ploos n'a, felon moi, d'autre avantage que d'avoir mis dans fon travail beaucoup plus de foin & de propreté. Mais ce travail, bien capable de charmer les yeux d'une infinité de gens idolâtres des Ouvrages précieufement terminés, produit fur les miens un effet tout

---

(a) On a fubftitué de nos jours à l'opération de l'outil dentelé, un fable tamifé que l'on imprime fur le vernis avec le fecours d'un rouleau; mais cette manœuvre eft longue, pénible, faftidieufe; il eft plus fimple, plus commode & plus expéditif d'employer pour cet objet un mordant. Il faut que ce mordant ne ronge point le pinceau avec lequel on l'applique fur le cuivre; qu'il ne donne point de vapeurs capables d'incommoder l'Artifte, & ne s'écarte point lorfqu'il eft étendu fur la Planche. J'ai quelquefois fait ufage d'un acide compofé fous forme concrete. Ce fel un peu détrempé dans de l'eau gommée, m'a affez bien réuffi pour croire qu'un Artifte qui étudieroit tous fes effets en pourroit tirer le parti le plus avantageux.

différent; il ne fert qu'à me rendre plus fenfible &
plus infupportable le froid qui ne regne déjà que
trop dans les deffins qu'a copiés fervilement
M. Ploos (a). Si ce font là les deffins qu'admirent
fes compatriotes, le goût du beau & du noble dans
les Arts eft donc banni de chez eux; & on a lieu
de le craindre, lorfque l'on confidere le peu de cas
qu'ils font aujourd'hui des deffins italiens.

Je t'ai quelquefois entendu dire, Charles, que
les pieces coloriées qui font partie de la fuite des
Eftampes de M. Ploos, font forties telles à l'impreffion, & que le pinceau n'y eft entré pour rien.
Si cela eft ainfi, fi cet Amateur n'a pas été obligé,
à l'exemple du fieur le Blond & de quelques autres
Artiftes qui ont imité fon genre de Gravure, d'avoir
recours à plufieurs Planches pour produire cet effet,
& qu'une feule lui ait fuffi, on ne peut affez admi-

(a) Nous avons fous les yeux une Gravure coloriée de cette
fuite, Gravure publiée en 1766, & qui repréfente l'intérieur
d'une chambre de Payfan, d'après un deffin d'Oftade. Les deffins
coloriés de ce Maître font très-recherchés en Hollande & très-
chers. Ces deffins néanmoins, & les Planches faites d'après ces
mêmes deffins, reffemblent à des enluminures; car il s'en faut
de beaucoup qu'on y trouve cette intelligence qu'Oftade a
mife dans fes Tableaux & même dans fes Gravures à l'eau-
forte.

rer fa dextérité & fa patience. Car, avant de faire
paffer fa Planche fous la preffe, il lui aura fallu
introduire les couleurs néceffaires dans toutes les
différentes cavités de la Planche où elles doivent
être adaptées, & après en avoir enlevé le fuperflu
de deffus la fuperficie du cuivre, l'effuyer de façon
que les cavités voifines ne s'en rempliffent point;
ce qui devient un travail fans fin & fujet à mille
inconvéniens; mais j'ai quelques foupçons que le
pinceau a été employé après coup; & dans ce cas il
n'y a dans l'opération de M. Ploos, rien qui ne
puiffe fe répéter par quelqu'un qui aura une main
légere & adroite, & voudra y mettre le tems né-
ceffaire.

J'apprends, Charles, une Anecdote qui te ré-
jouira; elle terminera ma lettre, & te fournira un
nouveau trait pour la Comédie du *Charlatanifme*,
à laquelle tu travailles. Un Graveur qui a fait fouf-
crire derniérement pour une Eftampe d'*Adam* &
Eve d'après Santerre; Eftampe d'une exécution fi
négligée, qu'elle n'a pu obtenir les fuffrages de ceux
mêmes pour qui tout eft bon, vient de faire inférer
dans les Journaux (a) « que le nombre d'épreuves
» tirées de la Gravure repréfentant *Adam* & *Eve*

(a) Voyez le Journal de Paris du 4 Juillet, N.° 185.

» *dans le Paradis Terreſtre*, n'étant pas ſuffiſant
» pour ſatisfaire l'empreſſement du Public & l'al-
» tération où ſe trouve la Planche, ne permettant
» plus d'en tirer d'autres, l'Auteur s'eſt déterminé
» à la graver de nouveau du même format ». Il
propoſe en même tems des ſouſcriptions pour cette
Gravure. Il faut avouer que c'eſt agir prudemment.
Ces *merveilleuſes* Eſtampes ſe débitent toujours
mieux avant qu'on puiſſe les voir, que lorſqu'elles
ſont miſes ſous les yeux.

Fin des Lettres d'un Voyageur.

LETTRE

D'UN AMATEUR

A L'AUTEUR DU MERCURE DE FRANCE,

Au sujet de l'Estampe du Gâteau des Rois *(a).*

MONSIEUR,

Comme vous n'avez point annoncé la nouvelle Estampe gravée par M. Flipart, d'après le Tableau

---

(a) On a accusé de sévérité l'Auteur de cette Lettre insérée dans le Volume du Mercure du mois de Décembre 1777. On auroit dû, avec plus de justice, lui savoir gré de l'amour qu'il témoigne pour les beaux Arts. En effet, la preuve la plus sensible de cet amour n'est-elle pas de chercher à faire connoître les défauts qui peuvent nuire aux progrés d'un Artiste estimable? L'habile homme qui aime vraiment son talent, s'offensera moins de la critique motivée d'un censeur, que des loüanges mal-adroites d'un ignorant. Cette critique ne l'engagera pas toujours à corriger les fautes qui lui seront échapées; mais l'approbation d'un ignorant suffira souvent pour le désespérer. M. de ***, dont nous avons plusieurs Tableaux, justement estimés, venoit d'achever de peindre un sujet de la Fable. Il fit voir son Ouvrage à un Connoisseur judicieux, qui lui trouva

original de M. Greuze, souffrez qu'un Amateur qui a sous les yeux les plus belles gravures anciennes & modernes, & les a souvent comparées, vous expose les remarques qu'il a faites sur cette *nouvelle Estampe.* Des observations critiques sur un Tableau, ne peuvent sans doute être trop sages, trop modérées. Le Tableau critiqué reste souvent renfermé, & hors de la vue du Public amateur. Ce Tableau, par conséquent ne peut répondre pour l'Artiste, souvent dans l'impuissance de repousser autrement la critique. Il n'en est pas de même d'une Estampe, d'une Estampe sur-tout aussi répandue que celle du *Gâteau des Rois :* elle est sous les yeux de tous ceux qui desirent la voir. Les observations qu'elle peut faire naître, sont, par conséquent, aisées à être vérifiées; & l'Artiste n'a besoin d'employer d'autres défenses devant des juges éclairés, que la vue même de son Estampe. C'est d'après ces considéra-

---

quelques défauts que l'Artiste cependant ne vouloit point avouer. Cette discussion duroit encore lorsqu'un petit-maître ignorant arriva; il prodigua ses louanges ou son verbiage louangeur sur les objets mêmes qui venoient d'être censurés : « Ceci est » un chef-d'œuvre, Raphaël n'a pas mieux dessiné, le Titien » n'a pas mieux peint. Le Poussin, où êtes-vous? — L'Artiste » prit alors une brosse, & effaça son Ouvrage.

tions, que je crois pouvoir hazarder quelques remarques critiques, qui auront principalement pour objet les progrès de l'art.

La nouvelle Eſtampe eſt intitulée : *Le Gâteau des Rois ;* & ce titre ſeul ſemble annoncer un repas, une fête de famille, que la joie & la gaieté doivent animer. Cependant la premiere impreſſion que fait le lieu de la ſcène, eſt une impreſſion de triſteſſe : ce lieu à plutôt l'air d'une priſon, que d'une chambre de Villageois. On n'y apperçoit pour tout ornement & pour tout détail, qu'une eſpece de ſoupirail, & quelques ſolives, dont on ne devine pas la direction, par le peu de ſoin qu'a pris l'Artiſte de mettre les objets en perſpective. C'eſt un reproche que l'on a déjà fait à M. Greuze, de ne pas aſſez varier ſes chambres ruſtiques, & de ne pas ſuivre, pour cette partie, la méthode de Teniers, d'Oſtade, &c. qui ne peignoient jamais les fonds de leurs Tableaux que d'après nature. Auſſi, quelle richeſſe, quelle variété & même quelle ingénieuſe vérité dans le lieu de la ſcène, & les acceſſoires de leurs Tableaux ! comme la lumiere y circule & donne du relief aux objets !

Le principal perſonnage qu'offre d'abord l'Eſtampe du *Gâteau des Rois,* eſt le pere de famille. Il tient une ſerviette, dans laquelle ſont renfermées

les parts du gâteau qui doivent être diſtribuées. C'eſt
aſſez l'uſage de laiſſer aux femmes, ſi propres par
leur douceur & leur gaité naturelle à animer les
plaiſirs de la table; le ſoin de préſider à ces ſortes
de petites fêtes domeſtiques. Quoi qu'il en ſoit,
puiſque l'Artiſte a voulu que ce fût le pere de famille qui rempliſſe cette fonction, on auroit deſiré
du moins que ſon caractere de tête fût plus analogue au rôle qu'on lui donne. Nous avouerons avec
plaiſir que cette tête eſt belle, qu'elle a de la nobleſſe; mais ſon expreſſion eſt indéciſe. Ce vieillard
paroît même diſtrait, & ne prendre aucun intérêt
à ce qui ſe paſſe devant lui. Son air ſérieux ſemble
inſpirer de la gêne & de la contrainte au plus jeune
des garçons qui tire les parts du gâteau. Un Artiſte
qui poſſede éminemment la ſcience du deſſin, peut
l'indiquer & l'écrire en quelque ſorte, dans les formes très-articulées d'un vieillard. Mais on ſouffriroit
impatiemment que, pour faire paroître cette ſcience,
il exagerât ces mêmes formes dans le corps foible
& délicat d'un enfant. C'eſt cependant ce que
l'Artiſte s'eſt permis dans le perſonnage du petit
garçon qui tire les parts du gâteau. Qu'en eſt-il
arrivé? En voulant trop accuſer les formes de l'enfance, il a fait diſparoître les graces qui lui ſont ſi
naturelles : l'enſemble de cette figure eſt d'ailleurs
équivoque;

équivoque ; ce qui provient de ce que la jambe droite, dont le racourci n'eſt point rendu exacte-ment, paroît plus courte que la gauche.

Une jeune fille, que l'on peut ſuppoſer être la ſœur aînée de l'enfant, eſt derrière lui pour l'aider à s'acquitter de la fonction dont il eſt chargé. L'expreſſion de ce perſonnage eſt encore indéciſe, & la figure n'a point ces graces naïves que l'Artiſte fait répandre, quand il veut, ſur les perſonnages de jeunes filles, & que l'on auroit deſiré de trouver dans cette ſœur aînée, puiſqu'elle eſt placée ſur le premier plan de la compoſition.

Derriere le pere, & un peu dans la demi-teinte, eſt une autre ſœur qui a l'air de bouder, parce qu'elle n'a point été choiſie pour diſtribuer les parts du gâteau. Si l'on peut reprocher en général à toutes les figures de cette compoſition, de pécher par la correction du deſſin, & de ne pas faire aſſez ſentir les formes des bras & des jambes ſous leurs vêtemens, ce défaut paroît ſur-tout ſenſible dans la figure de cette petite fille. Elle a l'air d'un enfant noué, & l'on a de la peine à diſtinguer ſi c'eſt ſa main qu'elle porte à la bouche. On permet ſans doute à un Artiſte, qui nous fait voir ſa compoſi-tion dans une eſquiſſe peinte à l'huile, ou deſſinée au crayon, de négliger différentes parties ; mais

D

dans une Eſtampe gravée avec prétention ; retou=
chée & corrigée pluſieurs fois par le Peintre lui-
même, & publiée comme la traduction, en quelque ſorte d'un Tableau fini, on a droit d'exiger
la plus grande préciſion dans le deſſin. La mere de
famille eſt aſſiſe à un des bouts de la table. Elle
vient de recevoir une des parts du gâteau, qu'un
petit enfant, placé près d'elle, tient dans les mains,
& qu'il voudroit bien lui dérober. La bonne mere
feint de ne pas s'appercevoir de ce larcin qui la
réjouit. Il eſt à préſumer du moins que telle a été la
penſée de l'Artiſte, par la diſpoſition des figures ;
car la phyſionomie de la mere n'indique rien. Sa
bouche, à moitié ouverte, eſt, par l'infidélité du
trait, ſans grace & ſans expreſſion. Nous diſons
l'infidélité du trait, parce que nous ſuppoſons que
cette incorrection, & autres que l'on peut reprocher à l'Eſtampe, ne ſe trouvent pas dans le Tableau original que nous n'avons point vu.

Sur le ſecond plan de cette même compoſition ,
& du côté du pere, l'on voit un jeune homme, qui,
les bras élevés au-deſſus de ſa tête, apporte une
grande terrine remplie de ſoupe. L'Artiſte, dans la
vue, ſans doute, d'interrompre la ligne horizon-
tale de ſa compoſition, a cru devoir placer un trait
pyramidal. Mais, en employant ce trait, il a eu plus

d'égard à la forme pittorefque de fa compofition, qu'à ce qu'il a vu pratiquer par-tout. Nous nous en rapportons à lui-même. Seroit-il bien à fon aife, fi, étant à table, il voyoit un domeftique, ou toute autre perfonne, porter en l'air, & au-deffus de la tête des convives, un potage tout bouillant, & fujet à être renverfé au premier défaut d'équilibre. Jordans, dans une des fes compofitions, a également employé ce trait pyramidal; mais c'eft un pâté que l'on porte; & la faute du Peintre Flamand eft plus excufable. Ici, au contraire, c'eft un potage très-chaud, à en juger du moins par la fumée fort épaiffe qui s'en éleve.

Derriere ce porteur de foupe, font deux jeunes perfonnes qui paroiffent s'intéreffer à l'action de leur petit frere, diftribuant les parts du gâteau. Le groupe de ces jeunes filles eft agréablement difpofé, & leurs airs de tête ne font point inconnus aux Amateurs, qui ont dû les remarquer dans plufieurs autres Eftampes gravées d'après M. Greüze. On peut obferver, en dernier lieu, que la lumiere de cette Eftampe eft diftribuée par éclats & fans harmonie, par conféquent, ce qui peut provenir de ce que l'Artifte, en peignant fon Tableau, ne s'eft fervi que d'une lumiere vive & refferrée, dont l'effet eft de découper en quelque forte les objets fur lefquels elle fe trouve réfléchie.

Cette nouvelle Estampe a été gravée par M. Fli-part; & soit que le sujet l'ait ennuyé, ou ne l'ait nullement inspiré, cette Planche est bien inférieure aux deux précédentes du même format, qu'il a gravées d'après le même Artiste. Sa gravure est en général trop poussée au noir, & ressemble plutôt à une maniere noire usée qu'à une gravure au burin. Les tailles sont d'ailleurs trop féches, trop maigres; ses travaux trop égaux, ce qui empêche l'effet de la dégradation, répand sur l'Estampe une triste uniformité, & ôte aux objets le caractere qui leur est propre. Cette Estampe, cependant, pourra plaire au plus grand nombre des Amateurs, qui, peu familiers avec les gravures des Wischer, des Bolsvert, des Edelinck, des Gérard Audran, &c. doivent être moins sensibles au mérite de l'exécu-tion, qu'au choix d'un sujet qui leur rappelle des mœurs champêtres toujours agréables à voir par le sentiment d'innocence & de vertu qu'elles inspirent.

Mais, comme en gravure, ainsi qu'en peinture, en sculpture & même en poésie, c'est le mérite de l'exécution qui *embaume* l'ouvrage & le conserve pour la postérité, nous craignons que la plupart des Estampes modernes, si fort à la mode aujourd'hui, ne puissent survivre à notre siecle. Dans quel tems cependant la gravure a-t-elle été plus accueillie,

plus recherchée, mieux payée? Telle Eſtampe qui
n'aura aujourd'hui d'autre mérite que la nouveauté,
fera quelquefois portée à un prix plus haut dans une
vente, que toute la ſuite des magnifiques Eſtampes
de Gérard Audran. Il eſt vrai que cette manie ne
peut être attribuée aux vrais Connoiſſeurs, mais
bien à quelques *curiolets*, qui ne connoiſſent que
leur ſiecle, & ne jugent du mérite d'une Eſtampe,
que quand ils l'ont payée très-cher. Ils ſont bien
ſecondés dans cette opinion par différens Marchands
d'Eſtampes, dont la conduite eſt très-adroite. Ils
ont ſu perſuader aux Amateurs un peu novices,
que quand une Eſtampe moderne paroît, ils ne
tiennent rien, s'ils n'ont cette Eſtampe avant telle
& telle remarque. Ils donnent par ce moyen l'alerte
aux Amateurs, qui s'empreſſent de ſe préſenter les
premiers pour avoir de ces épreuves recherchées;
&, lorſque cette foule augmente, c'eſt alors qu'ils
mettent le prix qu'ils veulent à leurs épreuves. Le
jour même que l'Eſtampe du *Gâteau des Rois* parut,
un Colporteur d'Eſtampes, qu'il eſt inutile de
nommer ici, mais qui eſt très-connu par ſon habi-
leté à former des ſpéculations ſur l'ineptie de ſes
pratiques, avoit des épreuves de trois différens
prix, l'une à 16 livres, l'autre à 24 livres, & une
troiſieme à 36 livres; &, pour perſuader à l'Amateur qu'il ne devoit pas héſiter de donner ſes 36 liv.

il lui faifoit remarquer que l'épreuve qu'il lui préfentoit étoit avant l'adreffe de l'Auteur. Il avoit
taxé à 24 livres les épreuves où fe trouvoit, dans
l'infcription du bas de l'Eftampe, un point mal
placé; & à 16 livres celle où l'on voyoit au haut de
l'Eftampe la date du jour que la Planche a été
commencée. Cette date, plus ou moins lifible, fer-
vira, fans doute, à faire renchérir l'Eftampe. Il ne
manqueroit plus ici que des épreuves avant la
lettre; mais malheureufement pour les Marchands,
M. Greuze n'en fait point tirer; & les épreuves des
Planches avant la lettre, gravées par M. Flipart
d'après les Tableaux de M. Greuze, qui peuvent
exifter, font des épreuves que le Graveur a fait
faire pour voir les progrès de fa Planche; épreuves,
par conféquent, non finies.

Une derniere remarque que l'on peut faire au
fujet de cette efpece d'agiotage, & qu'il eft bon
d'inférer ici, parce qu'elle peut être utile aux
Amateurs un peu novices, c'eft que l'épreuve
même avant la lettre, à moins qu'ils ne la tiennent
d'un Artifte exact & connu, n'eft plus pour eux un
témoignage certain d'une premiere épreuve, depuis
fur-tout que ces fortes d'épreuves fe font fi fort
multipliées, & que l'on a vu le propriétaire de
plufieurs Planches recherchées, couvrir lui-même
l'écriture de fes Planches, & en faire tirer des

épreuves fans lettres. Un poffeffeur de Planches
qui fe prête à ces fortes de fupercheries, aura
quelquefois honte de livrer lui-même ces prétendues épreuves avant la lettre ; mais il les gliffera
adroitement dans des ventes publiques, fera paffer cet hameçon fous les yeux des *curiolets*, &
rira le premier de leur bonnefoi en recevant leur
argent.

Ces fupercheries ne font pas fans doute fort honnêtes, & font rejettées par tous les Artiftes qui ont
une réputation à conferver ; mais, comme quelques propriétaires de Planches ne penfent pas de
même, & pourroient être tentés de renouveller
ces petites fraudes de commerce, nous croyons devoir les dénoncer ici. C'eft un avertiffement pour
les nouveaux Amateurs qui ne fe connoiffent point
en beauté d'épreuves, de s'en rapporter plutôt au
confeil d'un Artifte connu, ou d'un Amateur éclairé
qu'à de petites remarques équivoques, & que le
Colporteur d'Eftampes, fi bien infpiré par le defir
du gain, peut toujours imiter ou contrefaire.

Au refte, quel avantage trouve-t-on a poffeder
la premiere épreuve d'une gravure médiocre? Un
Amateur a fans doute quelque raifon de rechercher
les premieres épreuves d'une Planche recommen-
dable par la magie d'un burin pur, fouple, harmonieux. Mais quelle grande différence peut-il y

avoir entre les premieres & les dernieres épreuves
d'une Planche où l'on n'apperçoit le plus fouvent
que les tailles égratignées d'une eau forte mal conduite, ou les travaux peinés d'un burin fec, fans
variété, fans harmonie & fans grace?

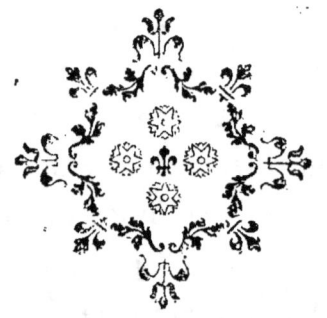

LETTRE
D'UN MAITRE D'ÉCOLE
A UN AMATEUR D'ESTAMPES.

A PEINE ai-je vu clair que j'ai aimé les *Images* ; un Quêteur des Récollets de Saint-Denis, qui venoit aſſez ſouvent chez ma mere, à qui il en donnoit de grandes, & à moi de petites, m'avoit fait naître ce goût.

Parvenu à la place de Maître d'Ecole (qui, comme vous ſavez, mérite la confiance publique), j'ai fait la connoiſſance du premier laquais du Seigneur (a) de notre village ; buvant bouteille avec lui de tems à autre, il me parloit peinture & gravure. Jugez de ma joie ! auſſi ai-je acquis quelques connoiſſances, comme, par exemple, celle de mettre une différence entre ce que l'on appelle *Image* & une *Eſtampe ;* celle de diſtinguer une épreuve *d'après la lettre,* d'avec celle tirée *avant la lettre,* ou bien *ſans adreſſe.*

Pour perfectionner ce goût décidé, je me ſuis ſouvent fait un plaiſir d'aller voir à Garges (b) les nouveaux Tableaux & les nouvelles Eſtampes.

(a) Ci-devant M. de Gagni, actuellement M. d'Azincourt.

(b) Village près de Bonneuil, où M. Gagny avoit une maiſon charmante ornée d'Eſtampes & de Tableaux choiſis.

A la fin d'Octobre dernier, j'y vis celle du *Gâ-teau des Rois*, gravée par M. Flipart, d'après M. Greuze. Je la trouvai fi belle que j'en demandai le prix, dans l'idée d'en faire un cadeau à ma femme pour fes étrennes. Seize livres, me répondit-on; feize livres.....! c'eft trop d'argent pour bien des gens, & fur-tout pour moi; & encore, me dit-on que je n'en aurois pas une pareille à moins de trente-deux livres, parce qu'il n'y avoit ni *lettre*, ni *adreſſe*, ni *point*. Je demandai ce que c'étoit que ce *point*: on me dit que c'étoit la marque de celles qui étoient tirées après beaucoup d'autres; mais que ni le Peintre, ni le Graveur, ni l'Imprimeur n'avoient aucune part à cette diftinction; qu'elle étoit l'effet d'une furprife faite par un Agioteur d'Eftampes, qui avoit faifi un moment d'abfence pour mettre fur la Planche une efpece de point allongé, lorfque l'on tiroit le neuvieme cent. Je me recriai que c'étoit un malhonnête homme; que l'on faifoit bien de ne pas le nommer, & l'on ajouta cependant que les Eftampes n'en étoient ni plus ni moins belles, mais que cette marque, qui étoit placée au bas de l'Eftampe avant le mot *Avocat*, fuffifoit pour procurer à certains Marchands la faci-lité de vendre les non ponctuées à un prix arbitraire, & au-deffus de celui fixé par MM. Greuze & Flipart. Fi! c'eft une vilainie.

Je suis homme de Lettres, puisque je les montre aux autres ; la conséquence n'est cependant pas toujours juste, (bien des gens se mêlent d'enseigner ce qu'ils ne savent pas). Enfin, je crois savoir lire, j'en profite pour m'occuper, après l'Office, à parcourir *le Mercure*. J'ai été fort étonné de trouver dans celui *de Décembre dernier* une lettre insérée par un Anonyme, qui remarque dans l'Estampe que j'avois vue avec tant de plaisir, des défauts que je n'y trouvois point & que je n'y apperçois pas encore.

Par exemple, la représentation du lieu où se tire le gâteau, déplaît à l'Anonyme. Mais un Païsan ne pourra-t-il donc faire tirer le gâteau, parce que son logement sera sombre & n'aura pas un air d'opulence ? Je connois plus de dix familles dans mon village, qui ont célébré cette *cérémonie* dans des lieux qui n'étoient pas plus éclairés que la chambre représentée dans l'Estampe.

Je dis *cérémonie*, parce que le sujet qu'a choisi M. Greuze en est effectivement une. Il n'a pas voulu, comme *Jordans* & *Tilburg*, prendre pour son sujet la représentation du *Roi boit* ; l'idée n'eût pas été neuve ; il a traité le commencement de la fête, qui est ordinairement précédé d'un *Benedicite*, suivi du tirage des parts cachées dans une serviette, toujours tenue par le chef de la maison. Du moins mon

pere, & avant lui feu mon grand-pere, & tous mes
oncles, Maîtres d'École de pere en fils, agiſſoient-
ils ainſi, & ces honnêtes gens, qui étoient ſûre-
ment au fait des cérémonies, quelques complaiſans
qu'ils fuſſent pour leurs moitiés, ne leur auroient
pas cédé ce droit, que la qualité de peres de famille
leur attribue. La gravité qu'ils obſervoient lors de
cette diſtribution, faiſoit naître une attention
reſpectueuſe qui duroit juſqu'à ce que le ſort eût
diſpoſé de cette royauté paſſagere, & je me figure
que c'eſt cet inſtant ſuſpenſif de la joie à laquelle
on ſe livre enſuite, que M. Greuze a ſaiſi. Si je
ne ſuis pas connoiſſeur en peinture, vous verrez du
moins que je n'ignore pas les uſages.

La *figure de l'Enfant paroît équivoque*, dit l'Anonyme. Qu'entend-t-il par ces mots *équivoques?* La
figure eſt bien celle d'un petit garçon : ſi la jambe
droite paroît plus courte, peut-être l'illuſion naît-elle
de la poſition. Au ſurplus, mon frere cadet, qui
avoit la gauche plus longue que la droite, n'en a
pas moins tiré le Gâteau pendant plus de trois ans.

L'attitude de la jeune fille, qui ſoutient l'enfant,
& ſa figure, me paroiſſent moins indéciſes que la
critique que l'on en fait.

Quant à l'autre petite ſœur, qui n'a pas ſeulement *l'air de bouder*, mais qui *boude effectivement*,
parce qu'elle n'a point été admiſe à la table, je

conviens qu'elle a un air affez mauffade & même incertain; mais on n'eft pas jolie dans cette attitude; ainfi je la laiffe bouder à fon aife; elle fera fûrement gracieufe quand fa morgue fera paffée; en attendant, venons au *potage* que l'Anonyme juge être *très-chaud & tout bouillant par la fumée.* C'eft certainement s'y connoître; pour moi qui ne m'en repais pas, quoique celle de l'encens flatte fouvent mon odorat, je ne puis décider par cette fumée de ce qui eft dans la terrine; mais je me crois en droit de préfumer que c'eft une volaille, & dans tous les cas, fi j'avois été du nombre des convives, la nervure du poignet & l'attitude aifée de celui qui porte cette terrine, m'auroient raffuré fur le danger que l'Anonyme voudroit faire entrevoir.

Au refte, comme la réputation de M. Greuze eft établie à jufte titre, elle n'a pas befoin de mes foibles réflexions, pour faire fentir le ridicule d'une critique auffi gauche.

De la Peinture, paffons à la Gravure. Selon l'Anonyme, elle *eft trop pouffée au noir, les tailles font trop féches & trop maigres, elle eft égratignée* & n'a point le mérite de l'exécution qui *embaume l'ouvrage & le conferve pour la poftérité;* elle ne peut plaire qu'à *quelques curiolets qui ne connoiffent que leur fiecle, & ne jugent du mérite d'une Eftampe que quand ils l'ont payée bien cher.*

Que ne fuis-je familier avec les termes de l'art, comme je le fuis avec mon A, B, C! vous verriez, Monfieur, comme je releverois cette critique! Mais voici ce que je penfe; chaque Peintre a fa touche particuliere & fa maniere de deffiner; de même chaque Graveur a fa maniere de rendre les objets, & c'eft le plus ou le moins de délicateffe & de force dans l'exécution, qui annonce plus ou moins de talens.

Beaucoup de Graveurs s'étudient à pouffer de belles tailles bien liffes & bien brillantes, pour féduire les Amateurs du commun, que l'Anonyme défigne fous le nom de *Curiolets*. Les Artiftes de ce genre fe copient d'autant plus volontiers, qu'ils fe perfuadent qu'une Gravure propre, fine & délicate leur fraie un chemin à la fortune; mais en même tems il leur arrive fouvent de négliger le deffin pour fe livrer au brillant des tailles. Auffi s'enfuit-il que la Gravure à laquelle on a facrifié le deffin, ne rend qu'une Eftampe médiocre, qui n'a d'autre mérite que la netteté & la fineffe du burin.

M. Flipart, en cherchant à réunir l'un & l'autre talent, m'a paru s'être formé un genre particulier par une maniere de graver qui n'eft qu'à lui feul. Il ne vife point à la gloire d'un burin féduifant; fon attention eft de bien faifir & d'exécuter. Tous travaux lui font propres, pourvu qu'ils produifent

l'effet qu'il se propose ; & l'on voit qu'il s'attache
singuliérement à prendre & à reproduire le caractere des Maîtres dont il grave les Ouvrages. La
variété de ses travaux naît de celle des Tableaux qu'il
a devant les yeux. Au lieu de s'asservir aux regles
strictes de la Gravure ordinaire, & d'observer mi-
nutieusement le sens des coupes, le dessin seul forme
sa regle, & la nature qu'il consulte est son unique
guide.

L'Anonyme lui reproche *des tailles maigres,*
féches, & des travaux trop égaux. Qu'entend-il par
ces termes? Je crois qu'il n'en sait rien : pour moi
je ne puis le deviner ; car, plus je considere l'ensemble
de cette Estampe, moins j'y trouve de sécheresse &
de dureté, & moins j'apperçois les défauts qu'on
lui prête. Je n'ai point vu le Tableau, mais l'Estampe
me paroît si parfaitement rendue, que je suis pres-
que convaincu que M. Greuze n'a point à s'en
plaindre.

Je ne sais trop ce que signifient ces mots, *des*
tailles égratignées. L'Anonyme veut-il dire que
M. Flipart n'a pas assez fait mordre son burin ; mais,
ou j'ai la berlue, ou je crois que le seul reproche
qu'on pouvoit lui faire, seroit d'avoir trop poussé
sa Planche. Mais, par cette méthode, l'Estampe se conservera bien plus long-tems à la postérité, que si, à l'invitation de l'Anonyme, il l'eût

embaumée. Pour moi, je la trouve d'une correction exacte; les attitudes des personnages des plus natu-relles, sur-tout celles du pere & du jeune homme qui est derriere lui. Celles des deux filles qui sont à sa gauche, décelent une attention & une curiosité frappante, & j'ai quitté à regret l'attitude vigou-reuse du jeune homme qui soutient la terrine, dans laquelle l'Anonyme pourra mettre, s'il le veut, d'après JORDANS, un pâté chaud ou froid, ou d'après PALAMEDE, un faisan.

Au reste, l'Estampe est belle; elle se vend bien; elle n'est donc pas d'un gaucher.

Je suis avec respect,

MONSIEUR,

Votre très-humble & très-obéissant
Serviteur, LE MAÎTRE D'ÉCOLE
DE BONNEUIL.

A Bonneuil en France, près Arnouville,
ce 31 *Janvier* 1778.

LETTRE;

Extrait des Affiches de Province, du 4 Mars 1778, en réponse à la lettre du Maître d'École.

MONSIEUR,

Quoique l'Estampe du *Gâteau des Rois* ne soit pas, quant au sujet, une des plus intéressantes qu'on ait gravées d'après M. Greuze, elle a cependant excité une sorte de sensation parmi les Amateurs, soit à cause de la critique un peu sévere, qui a paru dans le *Mercure*, soit à l'occasion d'une espece d'apologie ridicule, qu'a prétendu faire de cette Estampe l'Anonyme qui prend ingénieusement le masque d'un *Maître d'Ecole* de Village, pour faire part au Public de ses profondes connoissances dans les Arts; soit enfin, parce que M. Greuze paroît avouer ce redoutable Champion pour son défenseur, & lui confier le soin de venger sa gloire, puisqu'il distribue lui-même la Lettre du Maître d'École, & qu'il la répand avec affectation dans le Public. Je vais d'abord hasarder sur le sujet lui-même mes réflexions, avec l'impartialité la plus

E

scrupuleufe ; perfuadé qu'elles ne pourront offenfer
la délicateffe de M. Greuze : fa modeftie m'en
donne l'affurance ; modeftie qui ajoute encore un
nouvel éclat aux talens diftingués de cet Artifte. Le
Magifter du Village de Bonneuil obferve très-bien
que M. Greuze, pour ne point fe rencontrer avec
d'autres Peintres qui ont traité le même fujet, a
voulu choifir un autre moment dans le Tableau du
Gâteau des Rois. Ce moment eft celui où un Villageois entouré de fa famille, tient dans une ferviette
les parts du gâteau que le plus jeune de fes enfans
diftribue. Mais, fans difputer au Maître d'École
les fublimes *connoiffances qu'il a acquifes en buvant
bouteille*, ne pourroit-on pas, à fon tour, lui obferver que M. Greuze auroit pu faifir l'inftant où la
fève eft trouvée? La gaieté, l'allégreffe animant
les perfonnages, auroit mis plus de mouvement
dans la compofition, plus de variété dans les airs
de tête; au lieu qu'ici tous les perfonnages ont une
monotonie, qui femble naître d'un fujet froid &
trifte, que le fin Magifter a raifon d'appeller une
cérémonie. Car, fans doute, pour conferver *la gravité*, *l'attention refpectueufe*, attachées à toute
efpece de cérémonie, l'Artifte a cru devoir donner
au pere un air férieux, dont l'enfant, qui tire les
parts du Gâteau eft tellement effrayé, qu'il femble
tomber à la renverfe fur une jeune fille qui le

foutient. Si M. le Maître d'École étoit *familier*
dans les termes de l'Art, comme il l'eſt avec
ſon *A, B, C;* on pourroit lui demander pourquoi
M. Greuze prononce auſſi fortement les méplats
ſur les viſages des enfans, & ſi cette maniere pé-
danteſque d'articuler leurs formes de viſage, ne
leur fait pas perdre une partie des graces naturelles
à cette âge. La ſcience profonde de l'*A, B, C,* doit
au moins faire entendre au grand oracle de Bonneuil,
ce que c'eſt que défaut de proportion. Auſſi ne man-
que-t-il pas de juſtifier là-deſſus M. Greuze, auquel
on a reproché que la jambe droite de l'enfant qui
tire les parts, eſt beaucoup plus courte que la gauche.
Mon frere cadet, répond l'illuſtre défenſeur, *avoit*
la gauche plus longue que la droite, & il n'en a pas
moins tiré le Gâteau pendant plus de trois ans. C'eſt
un homme admirable que ce Maître d'École; il
replique à tout d'un maniere à déſeſpérer ſes con-
tradicteurs. Quant à la petite fille qui n'eſt pas
admiſe à la cérémonie, il avoue *qu'elle à l'air mauſ-*
ſade, incertain, qu'elle n'eſt pas jolie dans cette
attitude. On eſt bien éloigné de le lui conteſter. On
lui fera ſeulement remarquer qu'un enfant peut
avoir l'air de bouder, ſans que le reſte de la figure
pêche contre la correction du deſſin; que la tête
peut exprimer la triſteſſe, & les mains être mieux
deſſinées. On ajoutera, que les têtes de M. Greuze

fe reffemblent, au point de faire croire qu'il les
peint toutes d'après le même modele. On conviendra cependant avec plaifir, qu'en général cet Artifte
réunit dans les têtes de jeunes filles un caractere
de vérité, à des graces naïves & féduifantes. Dans
le *Gâteau des Rois*, par exemple, on en trouve
quelques-unes de charmantes : *Il en eft jufqu'à trois
que je pourrois nommer*, fi elles avoient un caractere
plus analogue à l'action. A l'égard de la Gravure,
je ne penfe pas avec l'Anonyme du *Mercure*, que
ce fujet ait ennuyé M. Flipart. Cette Eftampe, au
contraire, me paroît mieux que celles qu'il a déjà
gravées d'après M. Greuze. Je remarque feulement
que, lorfqu'il grave d'après cet Artifte, il femble
négliger ce ftyle aimable & varié, qui donne à
chaque corps la touche caractériftique qui lui eft
propre. Il eft à préfumer que M. Greuze n'envifage
la Gravure que comme une maniere noire ou une
efpece de Camayeu ; & qu'il exige que fon traducteur abandonne en partie les reffources de fon Art.
Dans ce cas, il eft fâcheux que l'extrême docilité
de M. Flipart nous prive de ce qu'il eft en état de
faire, lorfqu'on ne met point d'entraves à fon génie.
Ces obfervations ont échapé au Maître d'École de
Bonneuil ; & on ne doit point en être furpris,
quoiqu'il affure qu'il *n'apperçoit pas de défauts*,
& que néanmoins *il n'a pas la berlue*. Toutes fes

connoiffances fe bornent encore à favoir diftinguer
une *Eftampe* d'avec une *Image* : fon goût a été
formé par un *Frere Quêteur* & un *Laquais*.

La difcipline fait honneur à fes Maîtres.

F I N.

COLLECTION complette des Œuvres de M. Charles Bonnet, Membre de diverses Académies, revue & corrigée par l'Auteur, & augmentée de plusieurs Écrits qui n'ont point été publiés. Ces Écrits si intéressans pour tous ceux qui s'adonnent à l'étude de l'Histoire Naturelle & de la Philosophie, s'impriment sous deux formats, *in*-4. & *in*-8. aussi avec fig. & portrait. L'Édition *in*-4. enrichie de Gravures & de tous les ornemens Typographiques aura 8 *vol.* & l'édition *in*-8. 16 *vol.* On délivre actuellement les trois premiers volumes de l'*in*-4. & les six premiers volumes de l'*in*-8. prix 12 liv. le *vol. in*-4. & le *vol. in*-8. 3 liv. 10 sols.

Dictionnaire Iconologique, ou introduction à la connaissance des Peintures, Scuptures, Estampes, Médailles, Pierres gravées. Emblêmes, Devises, &c. avec des Descriptions tirées des Poëtes anciens & modernes, par M. de Prezel, nouvelle édition revue & considérablement augmentée, 2 *vol. in*-8. prix 4 liv. 4 sols brochés. Ce Dictionnaire est jusqu'à présent le seul que nous ayons de la langue muette, ou de la langue qui emploie des signes & des symboles pour parler aux yeux. Si les langues accentuées ou vocales ont besoin d'un Dictionnaire, ce secours paroît sur-tout nécessaire à la langue allégorique ou typique, langue commune à tous les Arts, qui, ne pouvant faire usage d'accens vocaux, sont souvent obligés pour exprimer des idées morales ou intellectuelles, d'employer des symboles, dont l'analogie avec l'objet représenté n'est pas toujours bien sentie.

Divers Plaidoyers, précédés d'un essai sur l'éloquence du Barreau, & suivi de différens morceaux de Philosophie & de

Jurifprudence, vol. in-8. broché, prix 3 liv. 12 fols. Le point de vue Philofophique, fous lequel l'Auteur a envifagé plufieurs queftions de Jurifprudence, & une variété de matieres auffi agréable qu'inftructive, rendent ce Recueil intéreffant pour toutes fortes de Lecteurs.

Œuvres complettes de J. J. Rouffeau, in-8. & in-12. fig.

— du Cardinal de Bernis, 2 vol.

— de Boilleau, avec les notes de S. Mard, 5. vol. in-8. fig.

— les mêmes 3 vol. in-12. petit format.

— de Crébillon, 3 vol.

— de Deftouches, 10 vol.

— de Voltaire complet, in-4.

— Idem, in-8.

— Idem, in-12.

— de Lachauffée, 5 vol.

— de Greffet, 2 vol.

— de Mariveaux, 4 vol.

— d'Hamilton, 6 vol.

— de Moliere, 6 vol. in-4. fig.

— le même, 8 vol. avec les notes de Bret.

— de Montefquieu, 7 vol.

— de Piron, 9 vol. petit format.

— de Pope, 8 vol. in-12.

— de Rabelay, 8 vol. petit format.

— de Racine, 3 vol.

— de Regnard, 4 vol.

— de Jean-Baptifte Rouffeau, 5 vol.

Galantes & amoureufes d'Ovide, 2 vol. fig.

Onanifme de Tiffot, 1 vol. in-12.

Pamela, 4 vol. in-12.

Paradis perdu de Milton, 3 vol. in-12.

Paftor Fido, in-8.

Plaidoyers, pour & contre, J. J. Rousseau, in-12.
Poëme de Tobie, petit format.
Théâtre de Boissy, 9 vol. *in*-8.
— de Brueys & Palaprat, 5 vol.
— de Corneille, 7 vol. *in*-12.
— de Corneille, avec les Commentaires de M. Voltaire, 10
   vol. *in*-8. fig.
— de M. Baron, 3 vol. petit format.
— de Pierre & Thomas Corneille, 19 vol. petit format.
— de Dancourt, 12 vol.
— de Diderot, 2 vol.
— de Guyot de Miville, 3 vol. *in*-12.
— de Laffichart, 1 vol.
— de Legrand, 4 vol. *in*-12.
— de le Sage, 2 vol.
— de Mariveaux, 5 vol.
— de Montfleury, 4. vol.
— de Panard, 4 vol.
— de Quinault, 5 vol.
— de Racine, avec les Commentaires, 7 vol. *in*-8. fig.
— de Sainte-Foix, 4 vol. *in* 12.
— de Voltaire, 7 vol. *in*-12.
— des Boullevards, 3 vol.
Tom-Jone, 4 vol. fig.
Traduction de Catule, Tibule, Gallus, 2 vol.
Trésor du Parnasse, ou le plus Joli des Recueils, 6 vol.
Fables de la Fontaine, 2 vol. *in*-12. petit format rel. en un.

On trouve chez le même Libraire un assortiment de
toutes sortes de Livres.

www.ingramcontent.com/pod-product-compliance
Lightning Source LLC
Chambersburg PA
CBHW071421220526
45469CB00004B/1370